Manufactured by Amazon.ca
Bolton, ON

22755678R00061